El cuidado de las mascotas

Los cocker spaniel

Kelley MacAulay y Bobbie Kalman

Fotografías de Marc Crabtree

Crabtree Publishing Company

www.crabtreebooks.com

El cuidado de las mascotas

Los cocker spaniel

Un libro de Bobbie Kalman

Dedicado por Samantha Crabtree
Para Kaleigh Ray Pope, la niña más preciosa que conozco.

Editora en jefe
Bobbie Kalman

Equipo de redacción
Kelley MacAulay
Bobbie Kalman

Editora de contenido
Kathryn Smithyman

Editores
Molly Aloian
Michael Hodge
Robin Johnson
Rebecca Sjonger

Diseño
Katherine Kantor

Coordinación de producción
Heather Fitzpatrick

Investigación fotográfica
Crystal Foxton

Consultor
Dr. Michael A. Dutton, DVM, DABVP, Weare Animal Hospital, www.weareanimalhospital.com

Consultor lingüístico
Dr. Carlos García, M.D., Maestro bilingüe de Ciencias, Estudios Sociales y Matemáticas

Agradecimiento especial a
Katherine Kantor, Alexander Makubuya, Lakme Mehta-Jones, Owen Mehta-Jones, Shilpa Mehta-Jones, Samara Parent, Bailee Setikas, Shelbi Setikas, Sheri Setikas, Katrina Sikkens, Michael Hill y Lacy-Lou, Susan Fast y Casey, Lexi, Jack, Matty y los cachorros

Fotografías
Todas las fotografías son de Marc Crabtree a excepción de:
© ShutterStock.com/Tammy McAllister: página 14
Comstock: página 20 (carne, leche y huevo)
Corel: página 6
Ingram Photo Objects: página 20 (chocolate)

Ilustraciones
Margaret Amy Salter: página 20

Traducción
Servicios de traducción al español y de composición de textos suministrados por translations.com

Library and Archives Canada Cataloguing in Publication

MacAulay, Kelley
Los cocker spaniel / Kelley MacAulay y Bobbie Kalman.

(El cuidado de las mascotas)
Includes index.
Translation of: Cocker Spaniels.
ISBN 978-0-7787-8458-6 (bound)
ISBN 978-0-7787-8480-7 (pbk.)

1. Cocker spaniels--Juvenile literature. I. Kalman, Bobbie, 1947- II. Title. III. Series: Cuidado de las mascotas

SF429.C55M3318 2007 j636.752'4 C2007-900448-2

Library of Congress Cataloging-in-Publication Data
MacAulay, Kelley.
[Cocker Spaniels. Spanish]
Los cocker spaniel / Kelley MacAulay y Bobbie Kalman.
p. cm. -- (El cuidado de las mascotas)
Includes index.
ISBN-13: 978-0-7787-8458-6 (rlb)
ISBN-10: 0-7787-8458-4 (rlb)
ISBN-13: 978-0-7787-8480-7 (pb)
ISBN-10: 0-7787-8480-0 (pb)
1. Cocker spaniels--Juvenile literature. I. Kalman, Bobbie. II. Title. II. Series.

SF429.C55M2318 2007
636.752'4--dc22

2007002065

Crabtree Publishing Company
www.crabtreebooks.com 1-800-387-7650

Publicado en Canadá
Crabtree Publishing
616 Welland Ave.
St. Catharines, ON
L2M 5V6

Publicado en los Estados Unidos
Crabtree Publishing
PMB16A
350 Fifth Ave., Suite 3308
New York, NY 10118

Publicado en el Reino Unido
Crabtree Publishing
White Cross Mills
High Town, Lancaster
LA1 4XS

Publicado en Australia
Crabtree Publishing
386 Mt. Alexander Rd.
Ascot Vale (Melbourne)
VIC 3032

Contenido

¿Qué son los cocker spaniel?

Los cocker spaniel son una **raza** o tipo de perro. Los perros son **mamíferos**. Los mamíferos son animales que tienen **columna vertebral**. La columna vertebral es una hilera de huesos que se encuentra en la parte media de la espalda de un animal. Los mamíferos tienen pelo o pelaje en el cuerpo. Las crías de mamíferos beben leche del cuerpo de la madre.

El cuerpo de los cocker spaniel

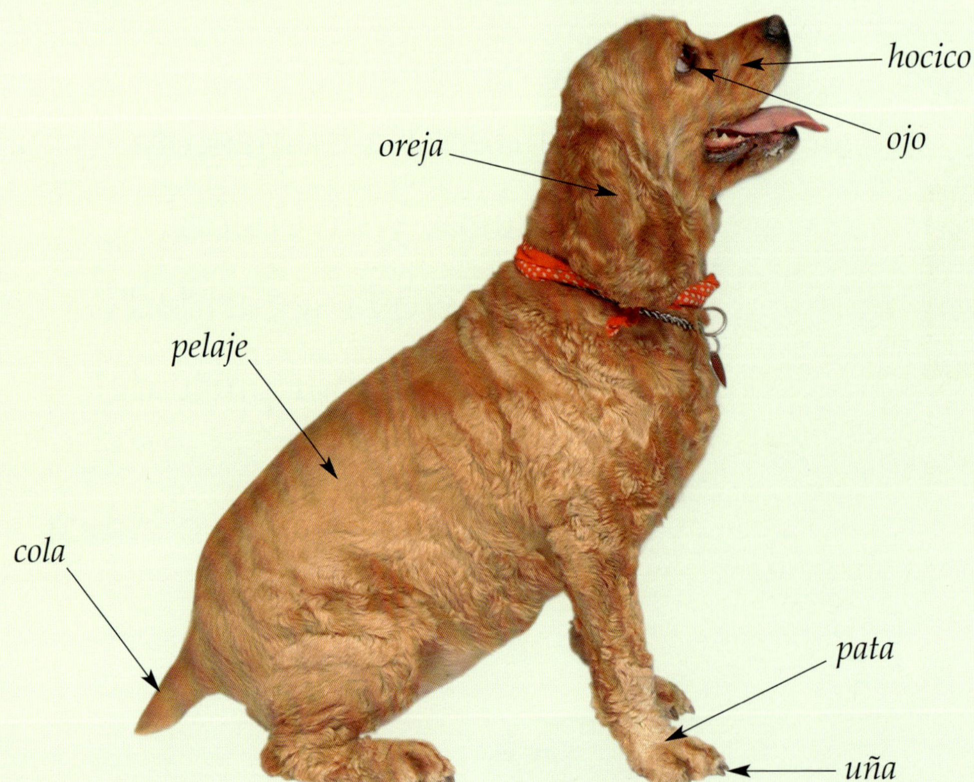

Pelaje hermoso

Los cocker spaniel son perros pequeños. La mayoría crece hasta alcanzar entre 13 y 16 pulgadas (entre 33 y 41 cm) de altura. Pesan entre 24 y 28 libras (entre 11 y 13 kg). Los cocker spaniel son conocidos por su hermoso y sedoso pelaje, que puede ser de diferentes colores como negro, **marrón claro**, **crema** y **chocolate**. El pelaje de algunos es de dos colores. Este pelaje se llama **pelaje bicolor**.

cocker spaniel bicolor

cocker spaniel chocolate

cocker spaniel crema

cocker spaniel negro

La historia de los cocker spaniel

Los cocker spaniel son originarios de Inglaterra. Durante cientos de años, estos perros ingleses ayudaron a los cazadores a atrapar aves llamadas becadas. En inglés, las becadas se llaman "*woodcocks*", y de allí surgió el nombre de los "cocker" spaniel. En la actualidad, los cocker spaniel ingleses son famosos **perros de exhibición**. Los perros de exhibición son aquellos que la gente hace participar en competencias donde son evaluados por su aspecto y por su habilidad para hacer trucos.

cocker spaniel inglés

Viaje a América

Los cocker spaniel ingleses llegaron a América a principios del siglo XIX. A los habitantes americanos les encantaron estos perros y algunos se convirtieron en **criadores** de cocker spaniel. Hacia el siglo XX, había dos razas de cocker spaniel: los ingleses y los americanos. Este libro trata sobre los cocker spaniel americanos, que se diferencian de los ingleses por su cabeza más pequeña y su pelaje más grueso.

cocker spaniel americano

¿La mejor mascota para ti?

La mayoría de los cocker spaniel son amistosos y les encanta jugar. Sin embargo, necesitan mucho cuidado y atención. Se requiere mucho esfuerzo para mantener ese hermoso pelaje. Tendrás que **acicalarlo**, o cepillarlo y limpiarlo todos los días. También tendrás que darle de comer y llevarlo a pasear a diario. ¿Cuidarías bien a un cocker spaniel?

Por lo general, los cocker spaniel viven entre doce y quince años. ¿Cuidarás a tu mascota durante muchos años?

¿Estás listo?

Antes de que un cocker spaniel forme parte de tu familia, reúne a todos y responde a estas preguntas.

- ¿Estás dispuesto a acicalarlo todos los días para mantenerlo saludable y arreglado?
- A los cocker spaniel les encanta que les hagan caso. ¿Te asegurarás de que reciba toda la atención que necesita?
- ¿Quién le dará de comer todos los días?
- Alimentar a un cocker spaniel y llevarlo a un **veterinario** y a un **peluquero canino** cuesta mucho dinero al año. ¿Tu familia está dispuesta a pagar todas las necesidades del cocker spaniel?
- **Entrenar** a un cocker spaniel puede llevar mucho tiempo. ¿Estás dispuesto a trabajar con dedicación para entrenar a tu mascota?
- Los cocker spaniel necesitan ejercicio. ¿Lo sacarás a pasear todos los días?

Hacer amigos

Los cocker spaniel odian estar solos. Si se quedan solos durante mucho tiempo, por lo general se portan mal. Posiblemente ladren mucho o muerdan tus cosas. ¿Habrá alguien en casa con él durante el día? Si no es así, quizás debas tener dos cocker spaniel para que se hagan compañía. Sin embargo, ten en cuenta que cuidar a dos cocker spaniel será el doble de trabajo.

Llevarse bien

¿Tienes otras mascotas? Con el tiempo, es posible que el cocker spaniel comience a hacer amistad con las otras mascotas. Algunos incluso son amistosos con los gatos. Sin embargo, a los cocker spaniel les gusta perseguir cosas. Ten cuidado cuando les muestres el cocker spaniel a las otras mascotas. No los obligues a acercarse. Si se lo vas a mostrar a un gato, asegúrate de que éste tenga un lugar seguro hacia donde escapar si el perro lo persigue.

No dejes al cocker spaniel solo con otras mascotas hasta que se hayan hecho amigos.

Elegir un cocker spaniel

Si estás seguro de que el cocker spaniel es la mejor mascota para ti, pregúntales a tus amigos o a tu veterinario si conocen algún cocker spaniel que quieran regalar. Posiblemente haya alguno en el **refugio de animales** de tu región. También puedes comprar uno a un criador o en una tienda de mascotas. Asegúrate de obtener tu mascota de alguien que cuida muy bien a los animales.

Mascotas de pura raza

Algunas personas prefieren perros de **pura raza**. Un perro de pura raza tiene padres y abuelos de la misma raza. Para tener la seguridad de que tu cocker spaniel sea de pura raza, trata de obtenerlo de un criador. Un buen criador debe darte documentos que demuestren que tanto los padres como los abuelos de tu mascota también eran cocker spaniel.

Elegir una mascota sana

Escoge un cocker spaniel que esté sano y sea amistoso. El perro que elijas:

- debe tener la nariz húmeda
- debe tener dientes limpios
- debe tener ojos limpios y brillantes
- debe tener orejas limpias y sin cera adentro
- debe tener el hocico, el trasero y el pelaje limpios
- debe tener un pelaje brillante y no debe tener zonas sin pelo
- no debe tener heridas en la piel
- debe tener mucha energía
- debe ser amistoso y curioso

Es posible que el cocker spaniel se muestre tímido al principio. No corras hacia el perro. Extiende la mano y deja que el perro venga hacia ti. Pronto serán buenos amigos.

Cuidar a los cachorros

¿Quieres un cocker spaniel adulto o un **cachorro**? Un cachorro es una cría de perro. Los cachorros de cocker spaniel son lindos y suaves. Es fácil crear un vínculo fuerte con ellos. Sin embargo, cuidar a los cachorros implica más trabajo que cuidar a un perro adulto. Los cachorros muerden cosas y por lo general **chillan** o lloran por la noche. Además, hay que alimentarlos varias veces por día. Debe haber alguien con los cachorros todo el tiempo.

Para estar sanos, los cachorros de cocker spaniel deben permanecer con su madre las primeras ocho semanas de vida.

Educar a tu mascota

Tendrás que **educar** a tu cachorro cocker spaniel. Los perros educados saben que deben salir para ir al baño. Para hacerlo, ponle la correa y llévalo afuera aproximadamente diez minutos después de que coma o beba. Llévalo siempre al mismo lugar. Felicítalo cuando salga para ir al baño. Si eres **constante** en el entrenamiento, tu cachorro aprenderá a llamar tu atención cuando necesite salir.

Si eliges un cocker spaniel más viejo, es posible que ya esté educado. Si tu nueva mascota aún no está educada, deberás educarla.

Lo que necesitarás

Necesitarás determinados objetos para cuidar a tu cocker spaniel adecuadamente. Asegúrate de tenerlos todos antes de llevar tu nueva mascota a casa.

El cocker spaniel necesitará un tazón para el agua y otro para el alimento.

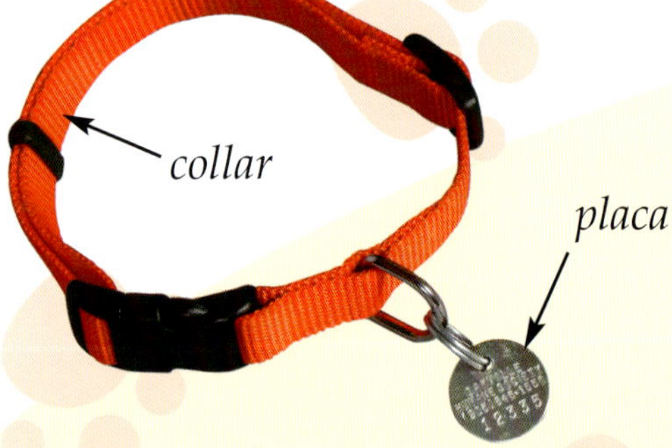

*Tu mascota siempre debe usar un **collar** con una **placa** donde aparezca tu número telefónico. Otra posibilidad es usar un pequeño **microchip** que contenga tu dirección. Este microchip lo coloca el veterinario debajo de la piel del perro, utilizando una aguja. Si la mascota se pierde, la persona que lo encuentre puede utilizar la placa o el microchip para devolvértela.*

Amarra una correa al collar para evitar que la mascota se escape.

Consigue un cepillo y pasta dental para perros. Úsalos para mantener sanos los dientes del cocker spaniel.

*También necesitarás un **cepillo de cerdas** para acicalarle el grueso pelaje.*

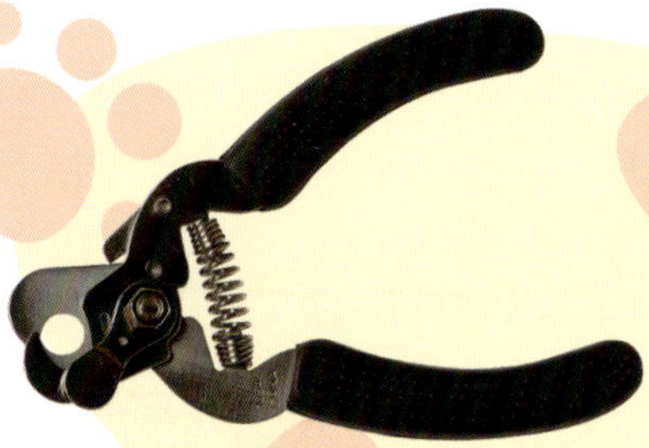

También debes tener un ***cortaúñas*** *para perros, de modo que un adulto le corte las uñas.*

El cocker spaniel necesitará su propia cama.

Cómprale algunas golosinas. Puedes usarlas como recompensa cuando lo entrenes.

Al cocker spaniel le gustará tener un ***cajón*** *para usar como* ***guarida*** *o lugar seguro donde estar.*

Siempre debe tener juguetes para jugar y morder. A la mayoría de los cocker spaniel les gusta correr detrás de pelotas.

¡Por fin en casa!

Los cocker spaniel pueden estar contentos tanto en una casa pequeña como en una grande. Si en tu hogar hay un jardín cercado, al cocker spaniel le encantará jugar allí. También se sentirá cómodo viviendo en un apartamento pequeño, si lo llevas a pasear todos los días. Sin embargo, los cocker spaniel algunas veces ladran mucho. Si vives en un apartamento, tendrás que entrenarlo para que no ladre mientras está adentro y no moleste a tus vecinos.

¡Déjenme entrar!

Si en tu hogar hay un jardín cercado, el cocker spaniel puede pasar un rato solo al aire libre. Sin embargo, no les gusta estar mucho tiempo solos. Necesitan estar con gente, así es que no debes dejarlos afuera todo el tiempo.

Tu mascota se pondrá triste si pasa mucho tiempo sola, ya sea dentro o fuera de la casa. Trata de estar con ella.

¡Hora de comer!

Debes darle de comer a la misma hora, tanto por la mañana como por la noche.

Debes alimentar al cocker spaniel dos veces por día. Pregúntale al veterinario qué cantidad de alimento debes darle. También puedes preguntarle qué marca de alimento es la más conveniente para tu mascota.

Alimentos poco saludables

Algunos alimentos no son buenos para la salud del cocker spaniel. No debes darle ninguno de los siguientes alimentos.

- El chocolate hace que los perros se enfermen.
- Los **productos lácteos** no son buenos para la salud de los perros.
- No debes darle huesos para masticar. Podría ahogarse.
- Nunca le des huevos ni carne **crudos**.

Agua fresca

Asegúrate de que el cocker spaniel siempre tenga un tazón lleno de agua fresca para beber. No necesita beber nada más que agua. Lava los tazones de agua y alimento todos los días.

Alimentar a un cachorro

Para alimentar a un cachorro, pon el alimento en agua caliente para ablandarlo. Deja que se enfríe antes de dárselo al cachorro. Los cachorros de cocker spaniel deben alimentarse cuatro veces al día hasta cumplir tres meses. Los cachorros que tienen entre tres y seis meses de edad deben comer tres veces al día. Cuando el cachorro cumpla seis meses de edad, puede comenzar a comer dos veces por día.

Lindas mascotas

Cepilla a tu mascota suavemente todos los días con un cepillo de cerdas. Llévala a un peluquero de mascotas para que le ***corte*** *el pelo cada cuatro o seis semanas.*

Los cocker spaniel son excelentes mascotas, pero hay que acicalarlos más que a otras razas. Su pelaje largo y rizado se enreda fácilmente. Tendrás que acicalar al cocker spaniel todos los días. Estás páginas te ayudarán a que tu perro luzca fantástico. Pídele a un adulto que te ayude con algunas de estas tareas.

Hora de bañarse

Baña a tu cocker spaniel cada seis u ocho semanas. Frótale el pelaje suavemente con champú para perros. Asegúrate de enjuagarlo bien para que no queden restos de champú. Luego, frótalo con acondicionador para perros. Enjuágalo bien para quitar todos los restos de acondicionador. El acondicionador facilitará el cepillado del perro después del baño.

Uñas arregladas

Si las uñas de tu mascota hacen ruido al tocar el piso, pídele a un adulto que se las corte. Sólo se debe cortar la punta de cada uña. Si se corta demasiado, saldrá sangre de la uña. Si esto ocurre, utiliza **polvo astringente** para detener el sangrado. Si el sangrado continúa después de usar el polvo, lleva tu mascota de inmediato al veterinario.

Levanta suavemente los costados de la boca del cocker spaniel todos los días. Asegúrate de que no tenga heridas ni alimento seco en los costados de la boca. Luego, cepíllale los dientes con cepillo y pasta dentales para perros.

Los cocker spaniel suelen tener problemas en las orejas. A diario, levántale cada una de las orejas suavemente y mira el interior. Si notas que tu mascota se rasca mucho las orejas o que éstas tienen mucha cera, llévala al veterinario.

Entrenar a tu mascota

Deberás dedicar al menos quince minutos diarios al entrenamiento del cocker spaniel. Sin embargo, entrenarlos puede resultar difícil ya que se distraen con facilidad. Es probable que debas enseñarle las mismas **órdenes** o instrucciones muchas veces hasta que las recuerde.

Comienza con lo básico

Debes enseñarle a "sentarse". Para hacerlo, muéstrale un premio. Luego, lleva la mano con la que sostienes el premio por encima de la cabeza del cocker spaniel. Dile "siéntate" a medida que mueves la mano. El cocker spaniel se sentará para mirar hacia arriba y ver el premio. Una vez que tu mascota esté sentada, dale el premio y felicítala.

Si el cocker spaniel no se sienta, presiona suavemente su trasero mientras le dices "siéntate".

Entrenamiento con delicadeza

Los cocker spaniel son perros sensibles. Se ponen nerviosos con facilidad. Nunca golpees ni le grites a tu perro, o te tendrá miedo. Usa palabras dulces y felicítalo mucho. Después del entrenamiento, dedica tiempo a jugar con él.

Días de escuela

Si te es difícil entrenar al cocker spaniel, puedes llevarlo a una **escuela de obediencia**, donde se entrenan perros. Los entrenadores de estas escuelas pueden enseñarte qué hacer para que tu mascota se comporte. Tú y tu mascota aprenderán muchas órdenes.

Puedes enseñarle a tu cocker a hacer trucos. Este cocker spaniel ha aprendido a dar la "media vuelta".

Juegos y diversión

El cocker spaniel necesita juguetes para jugar solo, porque se aburre fácilmente. Si no le das juguetes, usará algunas de tus pertenencias para jugar. Dale alrededor de cinco juguetes y mantén otros guardados. Para mantener su interés, cámbiale los juguetes cerca de una vez por mes. Si el perro tiene un juguete favorito, no se lo quites.

Algunos juguetes son más seguros que otros. Los juguetes de goma para masticar son una buena opción. No le des pelotas pequeñas ya que el cocker spaniel podría ahogarse.

¿Dónde está mi dueño?

Los cocker spaniel son perros activos. Les gusta participar en juegos con la gente. Un juego divertido que puedes jugar con él es a las escondidas. Para hacerlo, pídele a un amigo que se quede con el perro mientras te escondes. Una vez que estés escondido, llámalo. Se divertirá tratando de encontrarte. Cuando te encuentre, felicítalo.

Juega a las escondidas con el cocker spaniel sólo dentro de tu casa o en un jardín cercado. Si estás en un lugar abierto al aire libre, no podrás observarlo bien cuando corra para buscarte.

Primero la seguridad

A los cocker spaniel les encanta estar con gente, pero también necesitan su propio espacio. Hay momentos en los que no debes molestarlo, por ejemplo, cuando está comiendo. Puede ser que se ponga **agresivo** o se enoje si tratas de quitarle su alimento o su juguete favorito. Un perro agresivo puede llegar a morder para proteger su espacio.

El cocker spaniel tal vez se meta en su cajón cuando necesite descansar. Debes dejarlo solo cuando esté en su cajón.

¡Cuidado!

Si el cocker spaniel se pone agresivo puede atacarte, o a otra persona. Si está a punto de atacar, quizá gruña, te muestre sus dientes y te mire fijamente. Si se comporta así, no corras. Mira al piso y deja los brazos a los costados. Di "perrito bueno" con una voz tranquilizadora para tratar de calmarlo. Cuando se calme, cuéntale a un adulto cómo se comportó el perro.

Cuando les presentes tu mascota a tus amigos, pídeles que estén tranquilos y que no alcen la voz hasta que la mascota se acostumbre a ellos.

El cuidado por parte del veterinario

Apenas tengas tu cocker spaniel llévalo al veterinario. Él lo revisará para asegurarse de que esté sano. Cuando sea necesario, le inyectará **vacunas**. Las vacunas lo protegerán de las enfermedades. Llévalo al veterinario para una revisión cada año.

A medida que los cocker spaniel envejecen, comienzan a tener problemas de salud. Pregúntale al veterinario qué señales de advertencia indican que el perro se está enfermando.

¡No quiero crías!

Debes llevar a tu cocker spaniel a que lo **castren**. Un perro castrado no puede tener crías. Si le permites tener cachorros, tendrás que esforzarte para cuidar a las crías y encontrarles buenos hogares.

Estar atento

Si te parece que tu cocker spaniel está enfermo, llévalo de inmediato al veterinario. Pon atención a señales de advertencia como las que se enumeran a continuación.

- Debes llevarlo al veterinario si vomita, se desmaya o cojea.
- Si pierde mucho pelaje, puede estar enfermo.
- Los ojos y las orejas del cocker spaniel deben estar limpios y no debe tener bultos en el cuerpo.
- Un cocker spaniel enfermo quizá beba más agua que lo habitual. Tal vez también pierda el apetito.
- Si el cocker spaniel duerme más de lo acostumbrado y no tiene ánimo para jugar, llévalo al veterinario.

El cocker spaniel estará feliz de ser tu mejor amigo. Si le proporcionas los cuidados necesarios, tendrá una vida larga y feliz a tu lado.

Palabras para saber

Nota: Es posible que las palabras en negrita que están definidas en el libro no aparezcan en esta página.

chocolate Color marrón oscuro

constante Comportamiento que no cambia con el paso del tiempo

crema Color intermedio entre crema y marrón claro

criador (el) Persona que reúne perros para que tengan crías

crudos Alimentos que no están cocinados

entrenar Enseñarle a un perro cómo comportarse

marrón claro Color marrón amarillento

microchip (el) Un pequeño dispositivo que contiene información y que se puede colocar debajo de la piel de un animal

peluquero canino (el) Persona que se dedica a limpiar y cepillar perros como profesión

polvo astringente(el) Polvo utilizado para detener el sangrado de las uñas de un perro

productos lácteos (los) Alimentos hechos con leche y derivados de la leche

refugio de animales (el) Un lugar donde se cuidan animales que no tienen dueño

vacuna (la) Sustancia para proteger el cuerpo contra enfermedades

veterinario (el) Médico que atiende animales

Índice

Impreso en Canadá